UN
CONSEIL DE FAMILLE

SUJET LOCAL.

Se préoccuper plus de l'avenir que du présent.

PRIX : 50 CENTIMES.

BOURGES
CHEZ TOUS LES LIBRAIRES.
1861

UN CONSEIL DE FAMILLE.

SUJET LOCAL.

« Se préoccuper plus de l'avenir que du présent. »

Une personne que nous connaissons tous et à laquelle nous portons tous le plus grand intérêt, était depuis longues années atteinte d'une maladie de langueur. Ses amis s'effrayant de la persistance du mal cherchaient en vain le moyen d'en arrêter les progrès, lorsqu'il y a quelques jours on crut reconnaître à certains symptômes qu'une crise de nature à sauver la malade était imminente. Un célèbre Docteur qu'on appela en consultation fit cesser le doute par la déclaration suivante :

« Il s'opèrera prochainement dans l'état physique & moral de la malade une révolution complète qui lui rendra la force et l'activité que lui avait fait perdre une santé défaillante.

» La convalescence sera longue, mais le bien-être qui suivra n'en sera que plus durable. »

Cette nouvelle fut portée à la connaissance de la famille, qui se réunit immédiatement pour savoir ce qu'il y avait à faire. Voici ce qu'avait prescrit le Docteur en se retirant :

1° Ne reculer devant aucun sacrifice pour assurer le complet rétablissement de la malade ;

2° Si les ressources ne permettent pas de suivre le traitement, qu'on ait recours à l'emprunt, car si, faute de soins, une rechute avait lieu, il n'y aurait plus de remède ;

1861

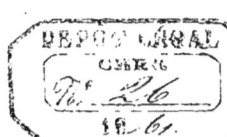

3° La maladie entrant dans une nouvelle phase, abandonner momentanément les projets antérieurs qui ne pouvaient que soulager & non guérir radicalement.

Le régime à suivre est celui-ci :

Se préoccuper plus de l'avenir que du présent.

Comme tous les membres de la famille n'étaient pas animés des mêmes sentiments, la lecture de l'ordonnance produisit des impressions diverses qui peuvent se traduire ainsi : mauvaises, pour ceux qui désiraient secrètement que la crise annoncée ne vint pas ; vague, pour ceux que la crise ne contrariait pas, pourvu toutefois qu'elle n'imposât pas de trop lourds sacrifices, et agréable enfin pour ceux qui souhaitaient la guérison à quelque prix que ce fût.

La famille tint conseil & discuta l'ordonnance ; voici les opinions qui furent émises & les arguments dont on s'est servi pour les soutenir :

Il me semble, Messieurs, a dit un membre qui passe pour influent, qu'on a singulièrement exagéré le mauvais état de santé de notre chère parente. Quelques personnes étrangères à la famille ont essayé de présenter sa situation comme grave, mais en réalité, et vous le savez aussi bien que moi, sa position n'inspire, même en ce moment, aucune espèce d'inquiétude. C'est à tort que l'on s'alarme, il n'y a aucun danger.

Notre parente ne s'est jamais plaint. Elle a toujours été calme, tranquille, se plaisant beaucoup dans sa douce quiétude ; elle n'aime pas le bruit, et si jamais elle a exprimé une plainte c'est lorsqu'on a voulu l'arracher à sa chère solitude. Elle mène une vie fort régulière & ne fait jamais parler d'elle ; elle n'est pas d'une gaieté folle, cependant elle a par instant des idées de coquetterie ; tout récemment encore, vous vous en souvenez, elle nous priait de l'embellir pour plaire à ses visiteurs.

Tout cela, Messieurs, dénote-t-il une santé profondément

altérée? Je ne crains pas de le dire, si notre chère parente est malade aujourd'hui ce n'est que d'imagination, et on en aura la preuve si on lui laisse goûter un paisible repos ; si on éloigne de son esprit toute idée d'ambition, si, enfin, elle n'écoute que nos conseils.

Dans ma conviction la crise dont on parle n'est pas nécessaire à sa guérison, par conséquent il n'y a pas lieu de s'occuper de ce que prescrit l'ordonnance.

Un religieux silence succède à ce discours. Un seul membre complimente l'orateur, mais à voix basse, dans la crainte sans doute de se compromettre.

Un deuxième membre prend la parole en ces termes :

« Je ne partage pas complètement l'avis du préopinant. Je crois, au contraire, que notre chère parente a besoin de grands soins ; sa santé n'est pas aussi bonne qu'on le prétend. J'appelle la crise de tous mes vœux. (*Applaudissements à gauche et au centre.*) Les marques d'approbations qui viennent de m'être données m'imposent plus que jamais le devoir de dire toute ma pensée ; la voici en deux mots :

» Je désire ardemment la guérison ; mais je ne crois pas qu'il soit nécessaire pour l'obtenir de suivre en tout point la prescription qui fait l'objet du débat. On nous dit de ne reculer devant aucun sacrifice pour assurer le complet rétablissement de notre chère parente, mais je demanderai si sa fortune permet bien de suivre les conseils qu'on nous donne? Recourez à l'emprunt si vous ne pouvez suivre le traitement, nous dit-on encore, mais nous n'avons déjà que trop employé ce moyen extrême d'équilibrer le budget pour y avoir recours de nouveau. Je ne nie pas qu'une fois rétablie, notre parente, par son activité & à l'aide de nouvelles forces, ne puisse remplir les engagements contractés en son nom ; mais je crois aussi que la guérison viendra d'elle-même par la force des choses & qu'il devient inutile alors de payer si cher le remède qu'on nous propose et qui ne peut nous échapper quoi que nous fassions. Je demande donc qu'on restreigne les sacrifices dans la plus étroite limite. »

L'orateur reçoit les félicitations de plusieurs membres.

Un membre de la gauche : Je réclame toute votre attention, car je viens combattre deux opinions qui, si elles triomphaient dans l'un comme dans l'autre sens, ne pourraient qu'entraîner de fâcheuses conséquences. Je répondrai d'abord à l'honorable collègue qui prétend que la santé de notre parente est des plus satisfaisantes.

Pour prouver qu'on a tort de s'alarmer, il cite comme symptômes rassurants le calme, la tranquillité d'esprit de la malade ; il rappelle ses goûts pour la solitude, sa vie peu accidentée, &c., &c., et il demande si tout cela dénote une santé profondément altérée? Je n'hésite pas à répondre oui. Puis il ajoute : Si notre parente est malade, ce n'est que par l'imagination... Confiance aveugle ! triste sécurité ! Le mal qui dissimule ses ravages sous des dehors trompeurs n'en est que plus à craindre, car il est de ceux qui ne pardonnent pas ; son action, pour être lente, n'en est que plus redoutable : elle finit toujours par emporter celui sur qui elle agit.

Mon honorable collègue trouve très-rassurant le tableau qu'il nous a fait. Je trouve, moi, qu'il présente tous les caractères de la décadence et de l'affaiblissement des forces vitales (*Très-bien ! très-bien !*). Malheureusement le danger n'est pas imaginaire, il n'est que trop réel, et pour s'en convaincre, il n'y a qu'à comparer le passé avec le présent. Que l'on se reporte aux années où notre parente jouissait de toute la plénitude de ses moyens et l'on verra le changement qui s'est opéré dans son existence. Qu'est devenue cette activité qu'elle déployait pour accroître ses revenus? Où est le temps où son esprit libéral et progressif encourageait l'industrie qui faisait sa force et sa gloire? On parlait d'elle alors ! Mais aujourd'hui ses idées ont pris une toute autre direction ; elle aime le recueillement depuis le moment où son énergie a cédé à une pression plus forte que la volonté. C'est à cette époque qu'elle ressentit les premières atteintes du mal qui la menace aujourd'hui. Maladie noire dont elle ne guérira que par l'emploi des plus énergiques remèdes. (*Agitation à droite*, *vifs applaudissements au centre et à gauche.*)

La crise que nous attendons peut conjurer le danger ; aussi ne devons-nous pas nous borner à la désirer. Il faut que nous unissions nos efforts pour la faire triompher à quelque prix que ce soit ; c'est notre dernière planche de salut. (*Rumeurs à droite.*)

Il me reste maintenant quelques mots à dire sur l'importance des sacrifices qu'on nous demande. Avant d'engager la discussion sur ce point, qu'il me soit permis de rappeler un fait dont on n'a point parlé jusqu'à présent, et cependant personne ne l'ignore. (*Écoutez, écoutez.*) Il y a quelque temps, notre parente alla elle-même trouver le Docteur et lui tint à peu près ce langage : « On m'assure que vous pouvez disposer d'un remède qui exercerait sur mon avenir une salutaire influence ; donnez-le-moi. Il coûte fort cher, je le sais, mais je suis prête à faire tous les sacrifices possibles pour l'obtenir. »

Le Docteur prit acte de l'engagement, et aujourd'hui il vient en réclamer l'exécution. Pensez-vous, Messieurs, qu'il serait bien loyal de notre part de considérer comme nulle la démarche de notre parente? Ne pensez-vous pas plutôt qu'il est de notre devoir, de notre intérêt même de ne pas marchander le service qu'on veut bien nous rendre?

On répond à cela que le remède étant préparé, il faudra bien en trouver l'emploi, et comme il convient principalement à notre parente, on n'ira pas l'appliquer ailleurs. J'admets pour un instant que cela soit, est-ce une raison pour manquer à la parole donnée? Que penserait-on de nous si nous agissions ainsi ? Ah ! prenez garde, Messieurs, nous touchons ici au côté le plus délicat de la question ; si nous ne satisfaisons pas de bonne grâce à un engagement contracté d'honneur, notre crédit disparaît, car notre bonne foi peut être mise en doute, et plus tard, si nous avons besoin de celui qui aurait à se plaindre de nous, le trouverons-nous bien disposé à nous venir en aide ? J'en doute.

Je tenais à rappeler ce fait pour prouver qu'il ne s'agit plus de savoir si nous devons ou si nous ne devons pas tenir compte de la prescription du Docteur. Je pense que l'incertitude à cet égard n'existe plus.

Je vais maintenant aborder la question sous son côté pratique, c'est-à-dire rechercher par quels moyens on pourrait arriver à la solution.

L'honorable membre qui m'a précédé a conclu en demandant que les sacrifices soient restreints dans leur plus étroite limite. Je ferai observer que cette conclusion est tellement vague, qu'on ne peut la combattre ; elle ne précise rien. Où s'arrête la limite qu'on entend ne pas dépasser ? A quel chiffre doit-on s'arrêter ?

On croit avoir résolu la question lorsqu'on a dit : Nous ferons tout ce qu'on voudra, mais dans la limite du possible. Ah çà ! croit-on qu'on nous demandera l'impossible ? Que l'on se rassure, les prétentions seront toujours au-dessous du bienfait. Quand il s'agirait d'un million, verrait-on là un obstacle insurmontable ?

Plusieurs voix : Sans doute.

L'orateur, continuant : Je vais prouver à ceux qui doutent qu'il y a plusieurs moyens de triompher de la difficulté qu'ils trouvent énorme.

1er MOYEN. — Nous venons de vendre un immeuble sur le prix duquel il nous reste à recevoir 650,000 fr. Supposons qu'on affecte cette somme à payer une partie des charges qui nous sont imposées, il ne faudrait plus que 350,000 fr. pour nous libérer complètement, ce qui serait facile à trouver en continuant la perception de certains droits extraordinaires.

2ᵉ MOYEN. — Supposons que sur les 650,000 fr., on ne laise à compte que 300,000 fr., il resterait une dette de 700,000 fr. à laquelle un emprunt au crédit foncier ferait face. — Il est permis d'espérer que les annuités de remboursement seront fournies en grande partie par l'augmentation de nos revenus.

3ᵉ MOYEN. — Supposons enfin que pour améliorer la situation présente, nous nous réservions toute la somme qui nous est due, on trouvera le million par la perception des droits dont il est question plus haut et en empruntant la différence. On peut se permettre d'emprunter lorsqu'on a pour répondant un avenir prospère ; mais lorsque le cercle de l'horizon financier tend plutôt à diminuer qu'à s'élargir, c'est une faute que de recourir à ce moyen extrême.

Il y a sans doute d'autres combinaisons qu'un examen plus approfondi de nos ressources peut indiquer, mais je m'en tiens à celles que j'ai signalées pour démontrer que le mot impossible ne s'applique pas à la situation.

En pareille circonstance, surtout lorsqu'il s'agit de la vie, toute idée d'économie serait, je crois, mal accueillie. Qui veut la fin veut les moyens. Voulons-nous du remède qu'on nous propose ou n'en voulons-nous pas? Si nous reconnaissons qu'il est nécessaire, il faut l'obtenir coûte que coûte ; dans le cas contraire, ayons le courage de notre opinion et déclarons franchement que nous n'y tenons pas. Les demi-mesures et les faux-fuyants sont des moyens indignes de nous. (*Très-bien!*) Pour mon compte, je les repousse énergiquement. (*Applaudissements chaleureux.*)

L'orateur reçoit de nombreuses félicitations.

Une certaine agitation règne pendant quelques instants au sein de l'assemblée. Lorsque le silence est rétabli, M. le doyen

— 8 —

du Conseil déclare la discussion fermée et annonce une nouvelle réunion pour le mardi 5 courant, dans laquelle certaines combinaisons financières seront exposées. La prescription du Docteur sera mise aux voix ensuite.

La séance est levée.

Nous espérons que le Conseil donnera une solution conforme à celle que laissent pressentir les débats dont nous venons de rendre compte. — C'est le vœu de tous les amis de la malade.

Bourges, 2 mars 1861.